www.ingramcontent.com/pod-product-compliance
Lightning Source LLC
Chambersburg PA
CBHW080659190526
45169CB00006B/2179
9781532848407